Tips para el hogar, Belleza y salud

GLORIA GARCIA R

Ni el autor ni el editor de la obra se hacen responsables por cualquier pérdida o daño que supuestamente se deriven como consecuencia del uso o aplicación de cualquier información o sugerencia contenidas en este libro.

TABLA DE CONTENIDOS

TIPS EN EL HOGAR   X

CUIDADOS EN LA COCINA   14

LIMPIEZA EN LA COCINA   18

TIPS PARA LA CASA EN GENERAL 22

TIPS DE BELLEZA 38

TIPS VARIOS   101

TIPS EN EL HOGAR

(EN LA COCINA)
AGUACATE, PARA QUE NO SE OXIDE

Para que no se haga negro y dure más tiempo, solo agrega unas gotas de jugo de limón al aguacate.

AJOS, COMO PELARLOS MÁS RAPIDO

Al pelar los ajos, solo tienes que golpearlos con algo como un vaso, rodillo o el mismo cuchillo (debe ser grueso) para que se despeguen las cascaras.

AJOS, COMO QUITAR SU MAL OLOR

Para eliminar el olor del ajo de la boca: hay que cepillarse los dientes y después masticar café, un clavo de olor, una ramita de perejil o de menta, beber jugo de limón o tomar un yogurt.

Para eliminarlo de las manos: frotarse las manos con el jugo de un limón. También se pueden frotar los dedos contra una hoja de lechuga y luego lavar las manos con agua tibia y jabón.

ALMENDRAS, COMO PELARLAS

Para **pelar las almendras fácilmente**, debes colocarlas dentro de un recipiente con agua hirviendo por 2 minutos, escurrirlas y luego pasarlas por agua bien fría y ya están listas para quitarles la piel.

ARROZ QUEMADO

Para quitar el olor del arroz quemado, solo agrega una cebolla partida en dos encima del arroz.

ARROZ, MÁS BLANCO

Cuando el arroz se esté secando agrégale unas gotas de vinagre y tendrás un arroz más blanco y esponjoso.

ATUN, QUITAR EL MAL OLOR

Después de escurrirle el agua, exprimirle el jugo de medio limón.

BERENJENAS, COMO QUITARLES LO AMARGO

1 Primero los lavamos bien, luego **los cortamos de la manera que las vamos a cocinar y les echamos un poco de sal** por encima. Los dejamos así **10 minutos** para que la sal vaya quitándoles el amargor. Pasado ese tiempo, **los pasamos por agua fría** y ya están listos para preparar cualquier plato. De esa manera, soltarán el líquido amargo que contienen y el sabor al cocinarlas no será amargo.

Otra manera de quitarles lo amargo:

2 Una vez peladas y cortadas las berenjenas, se pone en un recipiente con un poco de leche y se dejan un rato; luego se escurren y se preparan.

BERENJENAS, PARA QUE NO SE HAGAN NEGRAS

Cuando están cortadas ponerles jugo de limón.

Nota: Para saber si una berenjena está en buenas condiciones, debe estar lisa y brillante, no arrugada.

CARNE, PARA DESCONGELARLA

Poner la carne en agua con una pisca de vinagre, con esto quedara mejor descongelada.

CARNE ASADA, PARA QUE NO SE RESEQUE

Para que la carne marinada quede perfecta y no se reseque, no añadas sal a la carne cruda mientras se está marinando, ya que la sal cose el alimento y tras la cocción a la que la someteremos, puede acabar resultando demasiado seca.

CARNE, COMO MARINARLA

Para que no te quede seca la carne, puedes dejarla marinando con soya, vinagre y cerveza, tendrá un sabor exquisito.

CEBOLLA, PARA NO LLORAR AL PICARLA

1 Poner en el congelador de 5 a 10 minutos la cebolla, sacarla y cortarla, así no producirá lágrimas.

2 Antes de cortar cebolla añadirle un poco de jugo de limón, así no hay lágrimas.

3 Pelar la cebolla y meterla en un recipiente con agua templada, por un rato y después picarla.

4 Poner una vela encendida al lado de la cebolla mientras se corta.

CLAVOS, COMO COCERLOS EN CALDOS

Cuando uses clavos al hacer caldos, puedes ponerlos ensartándolos en una cebolla o en cualquier otro de los ingredientes que uses (una papa, una zanahoria, carne. etc.), con el fin de que éstos no queden sueltos y los puedas localizar fácilmente al final de la cocción.

COMIDA MUY SALADA

Si la comida quedo muy salada, durante la cocción agrega una papa cruda.

CHAMPIÑONES, COMO CONSERVARLOS BLANCOS

Cuando se cortan los champiñones, éstos tienden a oscurecer por la oxidación. Para evitarlo, un truco consiste en lavar los champiñones con una mezcla de agua y harina.

ENSALADAS, MAS SABOR

Para cualquier clase de ensalada, agregarle aceite de oliva y vinagre y déjala reposar durante una media hora, potenciarás el sabor de este refrescante plato.

FRIJOLES, COCIMIENTO RAPIDO

Pon primero el agua a hervir y después los frijoles y al último la sal. Nunca ponerlos a cocer en agua fría. Los puedes dejar remojando varias horas antes de cocerlos y será mucho más rápido.

FRIJOLES, LIBRES DE CONTAMINANTES

Dejarlos remojando con una cucharada de bicarbonato por cinco minutos y después enjuagarlos.

HUEVOS, COMO SABER SI ESTAN FRESCOS

Échalo en un vaso de agua, si el huevo se va hasta el fondo, está fresco, pero si flota esta viejo.

LATAS, FACIL DE SACAR EL ALIMENTO

Cuando no se puede salir fácilmente algún alimento de las latas como cranberry, cremas o algo muy espeso, puedes hacerle un agujero por abajo y le soplas un poco y saldrá inmediatamente.

LECHE, PARA QUE NO SE PEGUE

Poner media cucharadita de azúcar en la olla antes de echar la leche.

LECHUGA COMO CONSERVARLA

Para que la lechuga nos dure una semana hay que separar las hojas, quitar las hojas feas y lavarla, dejarla que se seque y guardarla en una bolsa bien cerrada y ponerla en el refrigerador en la parte de abajo (que no le dé mucho lo frio).

MANZANA, EVITAR QUE SE OXIDE

Para que la manzana no se oxide (o se haga café) después de cortarla, ponerla en agua con unas gotas de limón.

MAYONESA DIFERENTE

Puedes hacer que tus mayonesas tengan sabores diversos, incorporando cada vez un ingrediente diferente como ajo o perejil picadito, una pizca de curry o mostaza en polvo, pimentón, etc.

PAPAS, PARA QUE NO SE OXIDEN

1. Para que las papas no se pongan negras, se le deben de agregar jugo de limón.

2. También ponerlas en un recipiente con agua que las cubra hasta el momento de cocinarlas.

PAPAS, COMO PELARLAS MÁS RAPIDO

Coser las papas, hacerles una cortada alrededor por el medio (solo por la parte de la cascara) y ponerlas en un traste con agua y hielos por un minuto, después sacarlas y estirar la cascara de las orillas y se desprenderá la cascara inmediatamente.

PAPAS, COMO COCERLAS MÁS RAPIDO

Simplemente pinchando varias veces la papa en crudo, antes de empezar a cocerla, con un palillo grande o un cuchillo, de esta manera se reducirá bastante el tiempo para su cocción.

PASAS, COMO EVITAR QUE SE VAYAN AL FONDO DE LA MASA

Para evitar que las pasas se vayan al fondo de la preparación de las masas para pastel, hay que pasarlas previamente por bastante harina.

PEPINO, PARA QUE NO AMARGUE

Ya lavados y cortados **se le pone un poco de sal** por encima. Los dejamos así **10 minutos** para que la sal vaya quitándoles lo amargo.

PESCADO, COMO EVITAR EL OLOR FUERTE AL FREIRLO

Para evitar que el aceite huela a pescado, eche un pedazo de cascara de papa cruda antes de comenzar a freír.

SPAGETY, PARA QUE NO SE PEGUE

Agregar una cucharadita de aceite al momento de cocer la pasta.

Para evitar que te quede insípida añade un cuadrito de caldo de pollo al agua cuando estés cociendo la pasta, otro consejo muy útil es agregarle un hueso de res (de los que tienen tuétano adentro), esto le dará un sabor muy especial y la grasa del corte hará que no necesites aceite extra.

TOMATES, PELARLOS MAS RAPIDO

Realice una incisión en forma de cruz en la base del tomate e introdúzcalo en una vasija con agua caliente por un minuto. Inmediatamente páselo a un recipiente con agua fría y hielo para cortar la cocción. En este proceso no lo deje por más de dos minutos, pues no es necesario más tiempo.

Una vez haya terminado estará listo para pelar fácilmente con las manos.

VERDURAS, CONSERVAR EL COLOR

Al hervirlas, algunas verduras pierden su color natural. Para evitarlo, sólo hay que meterlas en agua con hielo inmediatamente después de sacarlas de la olla.

VERDURAS Y FRUTAS, DESINFECTARLAS

Primero lavarlos sobre el chorro de agua con un estropajo o cepillo si están muy sucias.

Es recomendable que **no retires los tallos o cabos** de las frutas antes de lavarlas y a las verduras con hojas debes lavarla una por una.

Después de lavarlas, las vamos a desinfectar con:

Bicarbonato de Sodio: 1 cucharada de bicarbonato por un litro de agua, sumergir los vegetales y frutas por 10 minutos. Elimina todas las bacterias.

Vinagre blanco: 1 taza de vinagre por cada 5 litros de agua (si son pocas las verduras hay que calcularle poniendo la cuarta parte).

El vinagre mata las bacterias o parásitos.

El tiempo máximo que deben dejarse los alimentos en remojo con cualquiera de los desinfectantes es de 10 minutos.

Ahora solo debes volver a lavar las frutas y verduras con agua limpia.

CUIDADOS EN LA COCINA

CORTADAS EN LA MANO

Si te cortas mientras picas comida, ponte inmediatamente la telita delgadita blanca de la cebolla, es la que se encuentra debajo de las hojas de cebolla y la sangre y el dolor se paran inmediatamente, aparte que es un desinfectante natural.

ENCHILARTE LOS DEDOS, COMO EVITARLO

Al picar el chile ponte aceite de cocinas en las manos para no enchilarte.

FUEGO EN LAS OLLAS AL COCINAR

Si al estar cocinando aparece fuego en el sartén, nunca ponga agua, solo cubra el sartén con una tapadera. Cuando cocine tenga siempre a mano una tapadera, por si se inflama el aceite (simplemente eliminamos el oxígeno, consiguiendo así su extinción).

QUEMADURAS CON ACEITE

Cuando este cocinando y por cualquier razón cae sobre tu piel aceite caliente, inmediatamente tomas una papa y le cortas un pedazo con todo y cascara procede a colocarla en la piel quemada por unos 20 minutos. Y veras que excelente resultado.

QUEMADURAS CUANDO COCINAS

Si llegaras a quemarte con agua hirviendo o tocando una estufa sin querer, lo primero que tienes que hacer es poner la zona afectada en agua helada y luego aplicar bastante pasta de dientes y dejar secar hasta el otro día, ardera al principio pero es lo mejor para las quemaduras. También puedes poner mostaza en vez de pasta dental.

LIMPIEZA EN LA COCINA

ESTUFA Y HORNO, LIMPIEZA

1 Para quitar la grasa del horno y en general de toda la cocina, usar vinagre, se puede añadir algo de agua, dejar reposar unos minutos pasar el estropajo de fregar y sale toda la suciedad facilísimamente, también cuando el horno este caliente ponerle agua con sal y limpiarlo.

2 Para que las estufas de tu cocina estén limpias, ponerle por unos minutos limón con sal, luego limpiar con agua y jabón.

FREGADERO, COMO DESTAPARLO

Échele carbonato y después ½ taza de vinagre, después ponle agua caliente.

FREGADERO O BAÑO, COMO DESTAPARLO

Vaciarle una coca cola grande y bajarle la palanca (en caso del baño) y al fregadero después de la coca cola ponerle agua.

MESA, COMO QUITAR LA GRASA

Cuando la mesa de madera tiene grasa, debe ponerle un poco de sal, así evitará que la madera absorba la grasa.

OLLAS QUEMADAS POR DENTRO

Hervir agua en las ollas quemadas con unas gotas de cloro, eso desprenderá las manchas de la olla quemada, otra manera es echarle un chorro de vinagre y ponerla a hervir y enjuagar.

OLLAS, COMO QUITARLES LA GRASA

Si la grasa se te resiste, un truco eficaz consiste en hacer una mezcla de agua hirviendo y vinagre. Una parte de vinagre por cada tres de agua.

REFRIGERADOR, EVITAR MALOS OLORES

1 Si guarda el café en polvo o en grano en el refrigerador, se le conservará más fresco y más aromático.

2 Poner en el refrigerador un pedazo de pan blanco y evitara los malos olores adentro del refrigerador.

3 Poner en su interior medio limón al que habrá colocado unos clavos de especias.

4 También puede poner en un recipiente un poco de bicarbonato.

TIPS PARA LA CASA EN GENERAL

AFLOJA LLAVES CON OXIDO

Ponerle poquito thinner o aguarrás y moverlo poco a poco, seguir echando el líquido hasta que afloje.

BAÑO, COMO DESINFECTARLO

1 Llene una botella rociadora con una mezcla 50/50 de peróxido de hidrógeno al 3% y agua y manténgalo en cada baño para desinfectar sin dañar su sistema séptico, úselo también en la bañera y la cortina.

2 Lavarlo con vinagre.

CHICLE PEGADO

1 Para retirar el chicle (goma de mascar) de telas o cabello, calienta un poco de vinagre, coloca un poco en la parte afectada, será fácil retirarlo.

2 Si se te pega chicle a la ropa, pon un periódico sobre el chicle y pasa la plancha caliente, las veces que sea necesario cambiando el periódico, hasta que se quite el chicle. Y si el chicle se pega al cabello, ponle aceite de cualquiera y ve peinando poco a poco con un peine de dientes cerrados hasta que salga todo.

CALCOMANIAS, COMO QUITARLAS

Para despegar las calcomanías ponerles vinagre caliente, aceite para ensaladas o quita esmalte de uñas.

CUCARACHAS, COMO ELIMINARLAS

Hacer una pasta de ácido bórico (1/2 taza) con dulce de cajeta (1/4 de taza) mezclarlo con un palito de madera y aplicarlo en gavetas, abajo del refrigerador, estufa, etc. hacerlo cada 3 meses.

ESPEJOS, LIMPIEZA

Limpiar los espejos con agua oxigenada o peróxido de hidrogeno, no deja manchas ni rayones.

HIERBAS MALAS ALREDEDOR DE LA CASA, COMO ELIMINARLAS

Rociando los caminos de tu patio con vinagre puedes evitar que crezcan en ellos las malas hierbas. Si con este remedio no funciona muy bien vamos a agregar lo siguiente:

Si queremos acabar con las malas hierbas en nuestro jardín, hay que hacer nuestro propio herbicida casero.

Necesitaremos: 1 litro de vinagre blanco. 2 cucharadas de detergente líquido.2 cucharadas de sal de preferencia marina por cada litro. Agua hirviendo. Una botella con vaporizador.

Vierte el vinagre blanco y el detergente líquido en la botella, mezcla y deja reposar. Echar la sal alrededor del tallo de las malas hierbas y riega con el agua hirviendo para que la sal penetre. (También puedes hervir agua con sal, hará el mismo efecto). Lo que conseguirás con esto es que las malas hierbas se deshidraten.

LAVAVAJILLAS

En la lavadora de platos, agregue 2 oz. De peróxido de hidrógeno 3% junto con su jabón para lavar los platos.

MANCHAS DE TODO TIPO

Exprime un limón y añádele una pizca de sal y unas gotas de amoníaco, humedece un trapo y frota la mancha. Después de unos minutos, frótala vigorosamente con un cepillo.

MANCHAS EN LA ALFOMBRA

1. Poner en un balde agua tibia, un chorrito de amoníaco y el zumo de un pepino, luego pasarle un trapo a la alfombra mojado con esta preparación.

2. Mesclar 2 cucharadas de detergente con 3 de vinagre y 1 taza de agua caliente. A continuación, se trabaja sobre la mancha y una vez finalizado, se seca la zona con una toalla.

MANCHAS DE CHOCOLATE

Usar mantequilla o margarina para las manchas de chocolate. Solo tienes que aplicar a la mancha, dejar reposar la pieza por 15 minutos y lavar.

MANCHAS DE CAFÉ

Prueba a eliminarlas con una mezcla de vinagre blanco y alcohol a partes iguales.

MANCHAS DE GRASA

1 Para quitar las manchas de grasa en las prendas aplicar espuma de afeitar dejar unos minutos y luego retirar con una esponja con agua.

2 Cuando te caiga grasa en la ropa aplica talcos para los pies, déjalo de un día para otro y luego lávala como de costumbre.

MANCHAS DE MOHO

Limpiar con agua oxigenada.

MANCHAS DE OXIDO

Pon en la mancha de óxido de la prenda sal y remójala en forma directa con jugo de limón luego déjala al sol hasta que se seque.

MANCHAS DE QUEMADO

Si descubres en tu ropa una leve mancha de quemado, puedes intentar quitarla aplicando suavemente un poco de agua oxigenada.

MANCHAS DE SANGRE

1 Se puede quitar una mancha de sangre sobre las prendas de vestir, aplicando sal común, sobre la mancha, luego restregar con agua y jabón.

2 Frotar las manchas con una pasta que harás con agua y almidón en polvo, dejas secar la pasta sobre la mancha y luego frotas la costra que allí se forme.

MANCHAS DE SUDOR

Para quitar las manchas amarillas que se quedan en la ropa por el sudor o desodorante, exprimir uno o dos limones y ponerlos en un recipiente junto con un poco de agua, poner la parte manchada de la ropa dentro del recipiente y dejarlo toda la noche y al día siguiente lavarlo.

MANCHAS DE TINTA EN LOS DEDOS

En un recipiente pones un poco de cloro y te lavas las manos o los dedos rápidamente y después te las lavas con jabón y listo.

MANCHAS DE TINTA EN TU ROPA

Poner un poco de pasta de dientes blanca en la mancha y la dejas por unos minutos y luego la cepillas con cepillo suave y la enjuagas con mucha agua

MANCHAS EN LOS ZAPATOS

Cuando aparecen manchas en los zapatos como de sal, pones en una taza de agua con unas dos cucharas de vinagre y frotas los zapatos.

MANCHAS DE VINO EN EL MANTEL

Si se ha derramado el vino en el mantel, echa rápidamente un puñado de sal sobre la mancha, luego lo lavas con agua y jabón.

MOSCAS, AHUYENTARLAS

Partes un limón a la mitad y le colocas 4 clavos de olor.

OLORES HOGAR PERFUMADO

1 Impregna las bombillas de todas las lámparas así como las partes bajas de las cortinas con tu perfume favorito, al encender la luz el calor hará que la bombilla desprenda el olor lo mismo ocurre cuando el aire corra por las cortinas.

2 En una olla de 1 litro hervir canela, clavo y cascara de naranja, cuando haya hervido 10 minutos, colocar la olla caliente en un lugar seguro de la casa para que corra el rico olor por toda la casa.

3 Receta:

1 taza de agua
1 taza de vinagre (de alcohol el transparente)
1 cucharada de extracto de vainilla
1 cucharada de clavos de olor

Mezclar todos los ingredientes y llevarlos a hervor, sobre fuego mediano por alrededor de dos minutos. Retirar del calor y dejar enfriar. Colocar en un envase rociador, filtrando los clavos y descartándolos, sacudir y usar.

4 Cuando tenga un olor muy fuerte o desagradable bien sea dentro de la casa o en algún lugar cerrado. Puedes tomar un poco de agua dentro de una vasija bien podría ser pequeña y el doble o triple de cloro en la misma, usted verá que en pocas horas el olor desaparece. O sea una medida de agua por dos o tres medidas de cloro.

OLOR EN EL BAÑO

1 Mantener un buen olor en el baño. En un recipiente de plástico con una tapa le haces unos agujeros y poner bicarbonato como a la mitad del bote y agregar varias gotas de aceite esencial. Sólo debes sacudir el recipiente cada dos o tres días para renovar la fragancia. Otra sugerencia es pasar un cotonete humedecido en aceite esencial por el rollo del papel higiénico.

2 Cuando el baño huele mal, antes o después de usarlo, prende un cerillo e inmediatamente se dispara el mal olor.

OLOR EN EL SUMIDERO

Cuando los sumideros de su cuarto de baño despidan mal olor, sólo tiene que echar los restos del café por el sumidero. Hay que hacerlo una vez a la semana.

OLORES EN LAS TUBERIAS

Poner unas rodajitas de limón en el desagüe de la tubería cuando haya terminado de lavar los trastes y dejarlas ahí hasta que vuelva a utilizarlo, el limón desinfecta y da un olor mejor.

ORO DESCOLORIDO

Poner la pieza de oro en cloro por unos momentos, sacarla y enjuagarla.

PLANTAS MÁS HERMOSAS

1 Para que las plantas luzcan hermosas, debemos dejar reposar el agua en un recipiente, mínimo 24 horas para que se evapore el cloro que las perjudica y después si procedemos a rociarlas con ésta agua y verán los resultados en pocos días.

2 Favorecer el crecimiento de las plantas y flores: Colocar 1 cucharada de sales de Epsom en las macetas para que las rosas y otras flores crezcan sanas.

PLANTAS SIN PLAGAS DE INSECTOS

Salvia, albahaca, manzanilla, cebollas, ajo y vinagre, son

productos naturales que contribuyen a ahuyentar los insectos. Si optas por este método, lo mejor es que cojas uno de estos ingredientes y lo eches en agua caliente. Cuando la mezcla se haya enfriado, viértela sobre la planta a tratar con ayuda de un pulverizador.

PLATA BRILLANTE Y LIMPIA

1 Para que tus utensilios de plata brillen como nunca, introduce todas las piezas en el agua resultante de una cocción de espinacas. Déjalas en remojo por lo menos durante 3 horas.

2 Para quitar las manchas de la plata solo basta con limpiar la plata con un limón y sal, reposar y luego limpiar con un trapo húmedo.

3 Calentar agua al hervir le colocas bórax o ácido bórico metes las prendas y comienzas a batir dejas reposar y listo.

4 Forrar un envase con papel aluminio echar agua caliente con sal sumergir la plata y listo.

5 Jugo de limón y bicarbonato de sodio sumergir las prendas y listo.

POLVO EN EL TELEVISOR

Para que la pantalla del televisor no atraiga el polvo, es conveniente limpiarla con un paño humedecido en jugo de limón, frotando con suavidad.

REPELENTE DE INSECTOS

Mezcla aceite de coco con aceite de menta y frote toda la piel expuesta, esto es más seguro y mantiene a los insectos fuera.

ROPA, MALOS OLORES

Si con el lavado normal de tus prendas no consigues eliminar todos los malos olores cuando metas las prendas en la lavadora, añade al detergente un vasito pequeño de bicarbonato.

ROPA, QUITAR CHICLE PEGADO

1 Si se te pega chicle a la ropa, pon un periódico sobre el

chicle y pasa la plancha caliente, las veces que sea necesario cambiando el periódico, hasta que se quite el chicle. Y si el chicle se pega al cabello, ponle aceite de cualquiera y ve peinando poco a poco con un peine de dientes cerrados hasta que salga todo.

2 Para retirar el chicle (goma de mascar) de telas o cabello, calienta un poco de vinagre, coloca un poco en la parte afectada, será fácil retirarlo.

ROPA ARRUGADA

Para las arrugas que no se quitan al planchar. Cuando saques la ropa de la lavadora, y esta se encuentre arrugada, la doblas, la metes en una bolsa y la introduces en el congelador toda la noche. Al día siguiente, la descongelas, la sacudes y las arrugas habrán desaparecido.

ROPA, MEDIAS ROTAS

Si se te rompe la media y no puedes salir a comprar otra para cambiártela, trata de tener siempre a la mano un esmalte claro (transparente) y donde se te rompió la media le pones un poco y esto evitara que se siga rompiendo.

TOALLAS SUAVES

Prepara una lavadora y déjalas en remojo, durante media hora por lo menos, sólo con agua y vinagre. Verás cómo recuperan rápidamente su esponjosidad (un chorro de vinagre).

TORNILLOS EN LAS GAFAS O LENTES

Para que los tornillitos de la gafas no se muevan basta con echarles una gota del esmalte de uñas transparente.

VIDRIOS SIN POLVO

Limpiar los vidrios con vinagre evita que el polvo se pegue.

VELAS SIN GOTEO

Para que las velas nuevas no derramen la cera consumida al encenderlas, sumérgelas el día anterior en un recipiente con agua y sal. De esta forma, evitarás que chorreen, aunque la vela siempre debe ir sobre una base para evitar que tenga contacto con otras cosas. Si antes de usarlas, las pones durante varias horas en el congelador, las velas se consumirán más despacio y de forma uniforme, chorreando el mínimo de cera.

VENENO PARA HORMIGAS Y PULGAS

Con un spray, rociar los marcos de las puertas, ventanas y cualquier camino de hormigas que conozcas. Como repelente para las pulgas, si crees que tienes pulgas en las alfombras poner un recipiente pequeño con vinagre sobre ella durante la noche, al día siguiente encontraremos el recipiente con pulgas muertas. También sirve para repeler las pulgas en las mascotas. La bañas con una solución mitad agua y mitad vinagre no quedará ni una pulga viva.

ZAPATOS APRETADOS

Si te aprietan los zapatos, coge un trozo bastante grande de papel periódico remójalo e introduce en tu zapato, deja secar el periódico y sácalo, da buenos resultados.

TIPS DE BELLEZA

ACNE

Usar aceite de ricino. Por las noches lávate la cara bien y después límpiala con una toallita mojada con agua caliente, entonces aplícate un poco de aceite de ricino y se deja toda la noche, hacerlo durante algunos días hasta ver resultados.

ARRUGAS

1 El remedio es muy sencillo: simplemente pasa un cubito de hielo por tu rostro y cuello todos los días, el cubo deberá estar metido en una bolsita para que no se derrita pronto. Hacerlo todos los días.

2 Mezcle 20 gramos de miel de abejas, una clara de huevo y 80 gramos de harina de avena, centeno o cebada. Primero se mezcla la clara de huevo con la harina y luego se añade la miel. Se aplica con un pincel y se deja veinte minutos.

3 Vacíe los contenidos de 3 cápsulas de vitamina E en un recipiente Agregue a esto 2 cucharaditas de yogurt natural, ½ cucharadita de miel y ½ cucharadita de jugo de limón. Aplique a esta mezcla en la cara con un algodón. Déjela por 10 minutos y límpiela.

4 Gentilmente haga masajes con aceite de coco en las porciones de piel tendientes a arrugas cada noche a la hora de acostarse.

5 Una pasta de cúrcuma hecha con jugo de caña de azúcar

es muy buena para deshacerse de las arrugas y aminorar el envejecimiento de la piel.

6 Corte una uva verde sin semilla y gentilmente aplástela contra su cara en las arrugas. Déjela por 20 minutos y límpiela con agua tibia y déjela secar al aire.

7 Refriegue el corazón de un melón en su cara y déjelo por 10-15 minutos antes de limpiarlo. Esto funciona perfecto con las arrugas.

8 La aplicación de aceite de castor o ricino en toda la cara por 2 horas y si quieres puedes tenerlo toda la noche, alrededor de los ojos y también te ayuda con las ojeras.

CUELLO Y BAJO LOS OJOS: Aceite de ricino puede aplicarse en la piel bajo los ojos o la piel del cuello.

ARRUGAS EN LA FRENTE, OJOS Y BOCA

3 capsulas de vitamina E con 1 cucharada de aceite de oliva, Sacar el aceite de las capsulas y ponerlo en un recipiente chico junto con el aceite de oliva y mezclarlos y aplicarlo en la frente, líneas de la boca y alrededor de los ojos.

AXILAS, QUITAR EL MAL OLOR

1 Después de bañarse, colocarse una pequeña cantidad de alcohol en gel (neutro o con aloe vera) en cada axila hasta que sea absorbido y después use su desodorante. Si no tiene gel use alcohol normal, aplicarlo con un algodón. Hacerlo una vez por día.

2 Ponerse vinagre de manzana después de bañarse con una gaza en las axilas.

3 Mezclar bicarbonato y talco mitad y mitad y espolvorear las axilas después de bañarse.

4 Ponerse clorofila como desodorante, después de bañarse.

5 Ponerse jugo de lechuga o jugo de rábano después de bañarse.

6 Después del baño con un pedazo de algodón te aplicas LECHE DE MAGNESIA y no la enjuagues se usa en lugar de el desodorante, la primer semana la usas 2 veces al día después solo una vez al día.

AXILAS MANCHADAS

Agua oxigenada, jugo de limón, y bicarbonato de sodio mezclarlos en partes iguales: una cucharada de agua oxigenada, una de bicarbonato de sodio y una de jugo de limón.

Aplicarlo en las axilas y dejarlo por 20 minutos, después enjuagar con agua y secar.

BOCA, ENJUAGUE BUCAL

1 Usar el peróxido de hidrógeno como un enjuague bucal para refrescar el aliento. Se mata a las bacterias que causan la halitosis. Usar una mezcla de mitad y mitad de peróxido de hidrógeno y agua, si quiere añadirle clorofila para mejor sabor.

2 GINGIVITIS: Use bicarbonato de sodio y peróxido de hidrógeno para formar una pasta para cepillarse los dientes. Ayuda con las primeras etapas de la gingivitis, ya que mata las bacterias.

3 BLANQUEAR DIENTES: Mezclado con sal y bicarbonato de sodio, peróxido de hidrógeno funciona como una pasta dental blanqueadora.

Sumerja el cepillo en agua oxigenada entre usos para mantenerlo limpio y evitar la transmisión de gérmenes. Esto es especialmente útil cuando usted o alguien en su familia tiene un resfriado o la gripe.

CABELLO, COMO DESENREDARLO

1 Para el pelo enredado es el vinagre de sidra de manzana, solo tienes que añadir un ¼ de vaso de este vinagre a 2 litros de agua y enjuágate con esta agua al final de tus lavados diarios y verás que tu cabello queda muy suave y podrás peinarte con mucha facilidad, además le dará a tu pelo un brillo sorprendente.

2 Un remedio efectivo es aplicar a las puntas de tu cabello y en las partes enredadas un poco de aceite de oliva y luego desenrédalo con ayuda de tu peine, este aceite además que lo desenreda a tu pelo no lo daña y le dará un brillo espectacular.

Solo debes aplicar un poquito de este aceite porque si aplicas mucho puede quedar grasoso.

SUAVIZANTE PARA EL CABELLO:

Preparar este gel 1 humectante a base de aloe o sábila. Utiliza un cuarto de taza de gel de aloe, y mézclalo con el jugo de medio limón. Mezcla con un par de gotas de tus aceites esenciales favoritos para agregar fragancia y humectación adicional. Aplícalo luego del champú, dejándolo de tres a cinco minutos.

El jugo de la Sábila o Áloe Vera, se puede utilizar como shampoo, fijador y acondicionador, mostrando notables resultados tanto para el cabello, como para el cuero cabelludo.

CABELLO ESTROPEADO O MALTRATADO

1 Para este tipo de cabellos, ya sea por la exposición al sol, tintes, o secadores.

No hay nada mejor que hacerte masajes circulares en el cuero cabelludo con aceite de oliva, una vez por semana, y tu cabello recobrara no solo fuerza, vitalidad, sino el brillo perdido.

2 El aceite de almendras se usa en el tratamiento de cabellos maltratados ya que les proporciona brillo y suavidad.

CABELLO SECO

El cabello se debe enjuagar con agua mediamente fría y templado, por lo cual con esto no quiere decir que debas bañarte con agua helada ya que esto se trata del último enjuague. Por lo tanto el agua caliente lastima el cuero cabelludo haciendo que el pelo se vea seco y sin brillo, en cuanto al agua fría permite sellar las cutículas del pelo volviéndolo brillante y sedoso.

CABELLO CON GEL NATURAL

Para tener un cabello liso y sin friz, coloca 1/2 taza de linaza entera en un vaso de agua durante una noche, al día siguiente el agua estará gelatinosa, separa el agua del grano de linaza y coloca la solución gelatinosa sobre el cabello limpio y seco o húmedo, realiza un ligero masaje hasta que seque. Esto actúa como un gel fijador.

Nota: no coloques el gel en la raíz del cabello o sobre el cuero cabelludo, deja unos centímetros entre la base del cabello hasta dónde vas a aplicarte la solución.

CABELLO LIBRE DE CASPA

1 Para evitar la molesta de la caspa, añade una aspirina efervescente al agua cuando te laves el pelo (esto lo puedes hacer en un recipiente grande donde te enjuagues el cabello o en el lavabo, hazlo el tiempo que lo necesites.

2 Para evitar la caspa en el pelo. Se lava el cabello con media parte de agua y media parte de vinagre antes de ponerte el acondicionador.

3 Aplicar aceite de coco en el cuero cabelludo seco y aliviar los síntomas de la caspa.

4 El aceite de ricino combinado con aceite de almendras ayuda a los problemas de la caspa.

También puede fortalecer las raíces del cabello y promover el crecimiento del cabello. Actúa como un excelente acondicionador para el cabello cuando se aplica sobre cabello opaco y dañado. Darse un masaje en el cuero cabelludo y todo el cabello Espere una hora y lavar como de costumbre.

CUIDADO: No hay efectos secundarios cuando el aceite de ricino se toma en cantidades moderadas. Sin embargo, las mujeres embarazadas, las madres lactantes o personas enfermas, no lo hagan sin consultarlo con su médico.

5. Se tritura la pulpa de la sábila o aloe vera. Se frota por toda la cabeza. Puede dejar la aplicación unos 20 minutos, después enjuagar con agua. Esta aplicación dará brillo, fuerza y protección a los cabellos. Las enfermedades del cuero cabelludo, la grasa y la caspa, se tratan directamente, con el jugo de la sábila.

CABELLO, PUNTAS ABIERTAS

Poner aceite de coco en las puntas del cabello.

CABELLO, CAIDA O CALVICIE

1 Masajear cabellera con vaselina.

2 El limón mezclado con cebolla (machacada) hay que ponérselo en el cuero cabelludo dándose masajes.

3 No expongas tus cabellos en exceso al sol, la playa, el agua de mar. Evita el uso de gel, mousse y otros productos químicos.

Usa peines con separaciones anchas y mantén el cuero cabelludo limpio.

4 Aceite de recino: aplicarlo en el cuero cabelludo o las raíces del pelo ya que se regenera el crecimiento del mismo. Lo debemos aplicar por todo el cuero cabelludo de raíces a puntas dejarlo actuar cinco minutos más o menos y luego lavar el pelo con normalidad, recomendado para dos o tres veces por semana.

5 Aceite de coco: Aplicar tres veces al día sobre la zona afectada de la pérdida del cabello. El aceite de coco ayuda a la regeneración celular.

6 Aplica jugo o gel de sábila o aloe vera directamente a tu cuero cabelludo y masajéalo. Déjalo durante algunas horas o durante la noche, y controla el crecimiento de nuevos cabellos. Sacar la pulpa de la hoja y licuarlo para su aplicación.

CARA, EVITAR ARRUGAS

1 El remedio es muy sencillo: simplemente pasa un cubito de hielo por tu rostro y cuello todos los días, el cubo deberá estar metido en una bolsita para que no se derrita pronto. Hacerlo todos los días.

2 Mezcle 20 gramos de miel de abejas, una clara de huevo y 80 gramos de harina de avena, centeno o cebada. Primero se mezcla la clara de huevo con la harina y luego se añade la miel. Se aplica con un pincel y se deja veinte minutos.

3 Vacíe los contenidos de 3 cápsulas de vitamina E en un recipiente Agregue a esto 2 cucharaditas de yogurt natural, ½ cucharadita de miel y ½ cucharadita de jugo de limón. Aplique a esta mezcla en la cara con un algodón. Déjela por 10 minutos y límpiela.

4 Gentilmente haga masajes con aceite de coco en las porciones de piel tendientes a arrugas cada noche a la hora de acostarse.

5 Una pasta de cúrcuma hecha con jugo de caña de azúcar es muy buena para deshacerse de las arrugas y aminorar el

envejecimiento de la piel.

6 Corte una uva verde sin semilla y gentilmente aplástela contra su cara en las arrugas. Déjela por 20 minutos y límpiela con agua tibia y déjela secar al aire.

7 Refriegue el corazón de un melón en su cara y déjelo por 10-15 minutos antes de limpiarlo. Esto funciona perfecto con las arrugas.

8 La aplicación de aceite de castor regularmente previene las arrugas.

CARA, ELIMINAR MANCHAS

Aplicar sobre la mancha del cutis agua oxigenada y pasar toda la noche, al despertar lavar bien, y aplicar protector solar.

CARA, QUITAR ESPINILLAS

Lavarse la cara antes de aplicar cualquier yerba, planta o crema, en este caso existe una planta llamada aloe vera conocida como sábila; el cristal de esta se aplica todas las noches y en la mañana se quita enjuagando la cara con jabón azul o con otro.

CARA GRASOSA

Crema de yogur y miel de abeja .Mezcle una taza de yogur natural con 2 ½ cucharadas de miel de abeja. Aplique la mezcla con un algodón a la piel de la cara y el cuello y déjela por 15 minutos. Lave la cara con agua tibia. Guarde el resto de la mezcla en un contenedor de vidrio (póngale nombre) y colóquela en el refrigerador para usarla 2 a 3 veces en la semana.

CARA, LIBRE DE BARROS

1 Un truco muy bueno para los puntos negros de la cara es ponerse un yogurt natural de mascarilla diez minutos una vez a la semana.

2 El aceite de ricino aplicado donde están los puntos negros por 2 horas o toda la noche.

CARA, LIBRE DE BARROS, ESPINILLAS Y SUAVIDAD

Pones en tu mano una pequeña cantidad de sal o azúcar (esta te sirve además para suavizar el cutis), y jugo de limón con esto te das un suave masaje con movimientos circulares y hacia arriba en toda tu cara hasta que se disuelva un poco la sal o el azúcar, te lo dejas por 10 minutos o hasta que el limón se seque; esto lo puedes hacer una o dos veces por semana según tu tipo de cutis, si es muy seco puedes hacerlo cada 15 días o cada mes según como lo sientas, de preferencia hacerlo en la noche y si lo haces en el día que no te del sol porque te mancha.

CARA, CUTIS RESECO

La clara del huevo bien batida te la aplicas por 20 minutos sin reírte ni hacer gestos, te enjuagas con agua tibia.

CARA, MANTENER TU PIEL FRESCA

Solamente utiliza sábila úntala en la cara y déjala por media hora y veras los resultados.

CARA, ROSTRO DE ANGEL

Corta un pedazo de sandía y una cucharada de miel, juntos colócalos en la licuadora, licua hasta que quede un pasta, aplícala sobre tu rostro y déjala por media hora, enjuaga con agua tibia. Puedes hacer 2 veces a la semana. Tu cutis lucirá hermosos, y sentirás tu piel suave.

CICATRICES, AYUDA A DISMINUIRLAS

Las cicatrices que se forman después de las cirugías o las provocadas por quemaduras, aplicar el aceite sobre la zona afectada más o menos una o dos horas al día, se puede sujetar con una venda, si está muy grande la cicatriz.

CALLOS, ABLANDA Y ELIMINA

El aceite de recino ablanda cualquier piel áspera o gruesa, como los callos y callosidades. Aplicar aceite sobre los pies después nos ponemos calcetines de algodón antes de irnos a la cama (dormir con calcetines con aceite de ricino sobre los pies nos ayudara contra el cansancio).

DIENTES BLANCOS

1 Siempre fíjese en la composición la cantidad de abrasivo que hay en la pasta dental. Y si la pasta utiliza Calprox, en vez de algún abrasivo, sería mucho mejor.

2 Utilice bicarbonato de sodio por temporadas. Por ejemplo, cada 2 o 3 meses, es conveniente enjuagarse la boca un par de semanas, con bicarbonato de sodio, ya que contribuye con el blanqueamiento de los dientes. Sin embargo, no es conveniente utilizarlo permanentemente ya que puede ser demasiado abrasivo para las encías y para los propios dientes.

3 Mezclado con sal y bicarbonato de sodio, el peróxido de hidrógeno funciona como una pasta dental blanqueadora.

4 Hacer una pasta de limón con sal al tanteo y cepillarse solo los dientes que quieres blanquear. ¡Cuidado! hacerlo de vez en cuando porque el limón pude dañar el esmalte de los dientes.

5 Frotar los dientes con una fresa partida por la mitad. Ésta no sólo blanquea los dientes sino que también fortalece las encías sangrantes, con lo que ayuda y previene la gingivitis o inflamación de las encías.

6 Comer una manzana diariamente, ya que esta fruta ayuda a fortalecer las encías y blanquea los dientes.

7 Mezclar bicarbonato con la pasta de dientes habitual y cepillar (No usar todos los días, ya que es muy abrasivo, solo de vez en cuando).

8 Espolvorear un poco de cúrcuma o turmeric en su cepillo con su pasta dental que usa diariamente, le ayudara a blanquearlos. También puede hacer una mezcla de aceite de coco con cúrcuma y cepillarse los dientes.

9 Verter dos cucharadas de hojas de salvia en una taza de agua que esté hirviendo. Tapar y dejar refrescar. Realizar buches de esta infusión después de cada comida. Igualmente recomendable consiste en masticar hojas de salvia previamente lavadas.

10 Frotar la parte interna de una cáscara de plátano o banana sobre los dientes durante 2 minutos. Realizar este remedio varias veces al día. Esta fruta posee ácido salicílico el cual ejerce un gran poder blanqueador de los dientes

11 Mezclar 1 cucharada de levadura de cerveza con 2 cucharaditas de sal junto con un poco de agua hasta lograr una pasta homogénea. Después cepillar con esta preparación los dientes.

12 Tostar una tortilla en el comal y dejar que se queme hasta que quede negra, ya fría hacerla polvito y con ese polvito negro cepillarse los dientes.

ESTRIAS Y CICATRICES

1 Para las estrías y cicatrices, aplicarte vitamina E con aceite de oliva. Hacer una mezcla de estos, por cada 3 capsulas de vitamina E una cucharada de aceite de oliva.

2 Para las estrías dejadas por el embarazo o sobre peso. Poner aceite de recino en estas zonas todos los días.

3 el aceite de coco es muy bueno y nutritivo para la piel dañada. Puede que no sea la curación mágica de las estrías pero ayudará.

HONGOS EN LAS UÑAS O CUALQUIER PARTE

Propóleo: ponerse es la zona afectada 2 veces al día hasta que vea resultados, es buenísimo. Se consigue en las tiendas naturistas.

LUNARES Y VERRUGAS

Aplícate aceite de ricino en lunares o verrugas cada noche, empezarán a disminuir a lo largo de un par de semanas, al usarlo diario no dejara cicatriz. Esto puede tomar unos 2 o 3 meses.

MAL ALIENTO

1 Enjuagarse la boca con agua oxigenada y escupa.

2 El perejil es una curación valiosa para la mala respiración. Hervir 2 tazas de agua, agregarle un poco de perejil y unos 6 clavos o media cucharita de clavo molido... Esta mezcla debe ser revuelta de vez en cuando mientras que se refresca. Debe después ser filtrada y ser utilizada como un enjuague varias veces al día.

3 Toda la fruta y jugos vegetales son beneficiosos en el tratamiento del mal aliento. Los jugos de vegetales verdes son especialmente valiosos.

4 La clorofila ayuda al mal aliento, se recomienda una cucharada disuelta en agua, hacer gárgaras y se la puede tomar.

5. Masticar algunas hojas de perejil por unos segundos y estarás evitando la fermentación, la putrefacción para lograr la neutralización del mal aliento.

6. Si es por problemas digestivos, hacer infusiones o tés de poleo, anís y manzanilla.

MANOS SUAVES

1 Para tener las manos suaves puedes mezclar, glicerina, jugo de limón (natural) y azúcar ponérselo en las manos y darse un masaje, deja reposar un ratito y enjuágate, veras que tus manos quedan muy suaves.

Receta de una crema para manos suaves:

Dejar macerar durante una semana 20 gr. de pétalos de rosas y 5 gr. de cascaras de limón en 30 ml. de aceite de oliva. Dejar reposar y filtrar. Se debe conservar de la luz. Aplicar 2 veces al día sobre la piel de las manos.

MANCHAS DE LA VEJEZ

Si quieres tener unas lindas manos, todas las noches, ponte pomada de la campana hasta los codos, tus manos se verán maravillosas.

MENOPAUSIA

1 La dieta es de suma importancia en los desórdenes menopáusicos. Debe comprender semillas, nueces, granos, verduras, frutas crudas y jugos naturales.

2 Abundante ejercicio al aire libre como caminar, trotar, nadar o andar en bicicleta.

3 Evite estresarse, preocuparse, mantenga paz.

OJOS, COMO QUITAR LAS OJERAS

1 Hierve dos bolsitas de manzanilla y déjalas enfriar en el refrigerador. Cuando estén bien frías coloca una en cada ojo y déjalas actuar unos 20 minutos con los ojos cerrados.

2 El aceite de almendras ayuda a relajar la zona y disminuye la inflamación de los capilares. Puedes aplicar un poco en el contorno de ojos toda la noche.

3 Las rodajas de pepino ayudan a reducir la hinchazón y devolver la textura a la piel del contorno de ojos. Déjalas sobre los ojos 15 minutos y aclara la zona con agua fría.

4 Humedecer un pañuelo de papel con agua, meterlo en el congelador durante 15 minutos y, luego, colocarlo sobre los ojos unos instantes.

5 Colocar los cristales de la sábila directamente sobre los ojos, estando acostada (o), durante una hora (el gel de la sábila al hacer contacto con el ojo puede experimentar malestar y dolor fugaz, no alarmarse).

6 Usar agua de rosas con una toallita en la zona de las ojeras por 10 minutos, sentirás un descanso y veras los resultados.

7 Usa hojas de menta machacadas en las ojeras por 20 minutos.

8 Vitamina K: Algunos casos de ojeras podrían indicar deficiencia de Vitamina K. Compre una crema que contenga vitamina K y aplíquela diariamente en el área que está debajo de los ojos, esto podría ayudar en la reducción de la hinchazón y la decoloración.

9 Limpia Tus Orificios Nasales: Inclina tu cabeza levemente hacia atrás y echa un poco de agua en una fosa nasal (puede

ser con un gotero) y el agua saldrá por la otra fosa nasal. Este remedio no sólo reducirá tus ojeras, sino que también hará que tu piel sea extremadamente radiante.

10 Poner unas rodajas de papas por unos minutos sobre tus ojos cerrados, que te cubran toda el área de las ojeras.

11 Acu presión: Con tu dedo índice, presiona firmemente contra el hueso que está localizado justo debajo de los ojos y mantén la presión allí durante 3 segundos. Para eliminar tus ojeras, deberías repetir este proceso unas 10 veces cada mañana.

12 Bebe Más Agua: Las ojeras se producen cuando no bebes la cantidad recomendada de agua, lo cual no permitirá que las toxinas salgan de tu cuerpo y estas toxinas a su vez pueden causar esos círculos oscuros que se forman bajo de tus ojos.

13 Duerme: La falta de sueño puede causar las ojeras, dormir por lo menos 6 horas.

14 Comer menos sal, esto podría estar causando las ojeras.

PESTAÑAS MAS LARGAS

1 Antes de dormir humedece un cotonete en el aceite y aplícatelo desde el nacimiento de las pestañas para arriba como si fuera un rímel puedes hacerlo diariamente o 2 veces

a la semana dependiendo de cómo estén tus pestañas, cambiar el cotonete para cada una.

2 Para las personas que tienen pestañas chicas se pueden poner harina en las pestañas para que les de volumen, modo de preparación te pones primero rímel después agarras con tu dedo poca harina y te pones en las pestañas y después te vuelves a poner rímel y se ponen grandes.

3 Aplicarte aceite de coco en las pestañas.

PIEL TERSA Y SUAVE

Para empezar el día con energía, cuando tomes tu baño frota todo tu cuerpo con sal gorda y a la vez arrastra las células muertas de la piel dejándola más tersa y suave

.

PIEL LIMPIA Y SUAVE

Para exfoliar, hidratar y suavizar la piel, prepara una mezcla de leche en polvo con azúcar granulada y unas gotas de agua, forma una pasta espesa, aplícala en el rostro, cuello y las partes que quieras tratar, déjala actuar por 20 minutos, retira con agua y listo.

PIEL EXTREMADAMENTE SECA Y SORIASIS

Aplica la vitamina E directamente desde la cápsula pinchada en tu piel si sufres de una piel extremadamente seca o soriasis (si está muy espesa puedes poner una cucharada de aceite de oliva y mezclarla con la vitamina E).

PIES RESECOS Y HONGOS

Para no tener los pies resecos y con hongos, ponerse vaselina todos los días por dos semanas en la mañana y en la noche.

PIES Y TALONES ASPEROS

Antes de ir a dormir, remoja tus pies en agua preferentemente caliente, después aplica una crema hidratante, o una crema con un grado alto en aceite y ponte unos calcetines. Utiliza calcetines y zapatos que te cubran el pie para mantenerlos hidratados. Cuando te estés duchando o bañando frota tus talones suavemente con una piedra pómex para que elimines las células muertas y eventualmente la piel se pondrá suave.

PIES LIBRES DE HONGOS

1 Para eliminar los hongos, principalmente en la uñas de los pies, triturar un diente de ajo en media copa de jugo de limón y taparlo por 3 días luego aplicar con un algodón, hasta que desaparezca, es un poco largo el proceso, tener paciencia.

2 Si tienes problema de hongos en la piel o bajo las uñas de los dedos de los pies. Simplemente remojar los pies en agua tibia (1 litro) con unos 300 mililitros de Enjuague Bucal (Listerine) y dejar tus pies por unos 20 minutos, hacerlo las veces que quieras.

3 Muy simple, para terminar con los hongos pásate un algodón empapado en yodo por los pies.

4 Usar agua tibia, vinagre y bicarbonato de sodio, remojar tus pies por 20 minutos, listo. Efectivo y al alcance de la mano. Si los hongos se resisten, se puede incrementar la cantidad de vinagre y la temperatura del agua (lo más caliente que se pueda resistir), y poner unas 4 gotas de cloro, esto aumentará la eficacia, pero eso sí, recuerden de ser constantes y mantener las medias limpias para no contaminarse nuevamente. Otra cosa, se debe tener cuidado de no contagiar al resto de la familia, luego del baño echar agua bien caliente o cloro en la ducha, y usar su propia toalla para los pies, o mejor toalla desechable hasta que los hongos se hayan combatido.

Si lo hacen diariamente por un par de semanas los hongos se van eliminando y poco a poco se recuperará la piel perdida con la caída del hongo.

5 Luego de bañarse, secarse bien los pies, y luego ponerse un poco de Vick vaporub, lo que nuestras abuelas nos ponían en el pecho para la tos.

PIES COMO QUITAR CALLOS

Solo tienes que machacar una aspirina con jugo de limón de manera que quede una pasta, colocar esparcida por el callo y proteger con cinta para que no se caiga, se coloca por el tiempo que sea suficiente.

PIES MAL OLOR

Poner en tus zapatos o zapatillas BORAX (ácido bórico), y los resultados son en el acto también puedes poner en tus pies después de lavarlos, y adiós al mal olor.

RODILLAS Y CODOS RESECOS

Hacer una mezcla de 1 cucharadita de miel, 20 gotas de limón y 1 cucharada de aceite de oliva o almendras. Después de mezclarla bien, ponérsela en los codos y rodillas por 15 minutos y no exponerse al sol, después enjuagar.

UÑAS CRECIMIENTO Y EVITAR COMERLAS

Machacar un ajo hasta que quede en trocitos y lo metes en tu brillo de uñas y luego te lo pones dos veces al día, una capa en la mañana y otra en la noche, lo usas por una semana si y otra no, así no te comerás las uñas y te crecerán muy fuertes.

UÑAS ENCARNADAS

Colocarte un algodón con aceite de coco y esperar a que se ablande la uña y entonces cortarla.

UÑAS LIBRES DE HONGOS

1 Para eliminar los hongos, principalmente en la uñas de los pies, triturar un diente de ajo en media copa de jugo de limón y taparlo por 3 días luego aplicar con un algodón, hasta que desaparezca, es un poco largo el proceso, tener paciencia.

 2 Si tienes problema de hongos en la piel o bajo las uñas de los dedos de los pies. Simplemente remojar los pies en agua tibia (1 litro) con unos 300 mililitros de Enjuague Bucal (Listerine) y dejar tus pies por unos 20 minutos, hacerlo las veces que quieras.

3 Muy simple, para terminar con los hongos pásate un algodón empapado en yodo por los pies.

4 Usar agua tibia, vinagre y bicarbonato de sodio, remojar tus pies por 20 minutos, listo. Efectivo y al alcance de la mano. Si los hongos se resisten, se puede incrementar la cantidad de vinagre y la temperatura del agua (lo más caliente que se pueda resistir), y poner unas 4 gotas de cloro, esto aumentará la eficacia, pero eso sí, recuerden de ser constantes y mantener las medias limpias para no contaminarse nuevamente. Otra cosa, se debe tener cuidado de no contagiar al resto de la familia, luego del baño echar agua bien caliente o cloro en la ducha, y usar su propia toalla para los pies, o mejor toalla desechable hasta que los hongos se hayan combatido. Si lo hacen diariamente por un par de semanas los hongos se van eliminando y poco a poco se recuperará la piel perdida con la caída del hongo.

5 Luego de bañarse, secarse bien los pies, y luego ponerse un poco de Vickvaporub, lo que nuestras abuelas nos ponían en el pecho para la tos.

6 Propoleo: ponerse es la zona afectada 2 veces al día hasta que vea resultados, es buenísimo. Se consigue en las tiendas naturistas.

7 Aceite de ricino: ponerse en la zona afectada.

UÑAS QUEBRADIZAS

Sumergir las uñas en un poco de agua con un ajo pequeño triturado por media hora y después enjuagar.

UÑAS MÁS BLANCAS, FUERTES Y LARGAS

Lo único que tienes que hacer es frotarte pasta dental con un cepillo de dientes que ya no uses todos los días, en 1 o 2 semanas vas a ver tus uñas perfectas, blancas, largas y duras.

UÑAS BLANCAS

Para que tus uñas amarillentas queden blancas como la nieve, introdúcelas durante 15 minutos en jugo de limón.

UÑAS, PADRASTROS

Se aplica aceite de coco a la uña para prevenir la infección y promover la cicatrización.

VERRUGAS COMO ELIMINARLAS

1 El remedio consiste en aplicarse la clara del huevo sobre la verruga(s) hasta cubrirla por completo abarcando sus alrededores para asegurarse de que quede totalmente cubierta, esto por lo menos 3 veces al día, es importante mantener durante el mayor tiempo posible la verruga cubierta de la clara de huevo, la clara de un solo huevo puede servir para varias aplicaciones, basta con guardarla en un bote cerrado y refrigerarlo, puedes aplicarla con un cotonete. Se irá eliminando de una forma muy gradual y este método no deja ningún tipo de indicio de que alguna vez existió una verruga, si eres persistente no te vas a arrepentir, incluso estas ya no te vuelven a salir, tardara algunos meses.

2 Te amarras un cabello en la verruga y en unos días se cae.

3 Aplícate aceite de ricino en lunares o verrugas cada noche, empezarán a disminuir a lo largo de un par de semanas, al usarlo diario no dejara cicatriz. Esto puede tardar unos 2 o 3 meses.

TIPS DE SALUD

AGRURAS

Dos cucharadas de avena cruda, revolverlo y tomarlo.

ALERGIA

2 Poner 4 cucharadas de vinagre, el jugo de 1 limón, un vaso de agua y un rábano. Pasas el rábano por el extractor de jugos y lo mezclas con el vinagre, el limón y el vaso de agua, tomar 1 vaso al día por 5 días descansas 2 días y después lo mismo.

2 Frotar el aceite de coco en el pecho y debajo de la nariz congestionada cuando se sufre un resfriado o alergias.

BOCA SECA

En un medio vaso de agua ponerle unas gotas de limón tres veces al día, masticar chicles sin azúcar, tomar mucha agua, lavarse los dientes, evitar el tabaco, alcohol y café.

CALAMBRES

1 Masajea la zona afectada. Coloca una o dos manos en el

lugar del calambre y, de forma rápida y firme, aprieta y suelta. Haz esto por lo menos durante un minuto. Descansa otro minuto más y repite la operación todas las veces que sea necesario hasta que el dolor haya cesado.

2 Comer un plátano

3 El aceite de coco puede frotarse en las piernas, así como tomarse internamente para apoyar la absorción de calcio y potasio, tanto que evitan calambres en las piernas.

CATARRO

Si tienes tu nariz tapada y con flujo, coloca unas gotas de limón en la palma de la mano y absórbelas en cada fosa nasal, los resultados son inmediatos, arde un poco pero efectivo.

DESCONGESTIONA

Frotar el aceite de coco en el pecho y debajo de la nariz congestionada cuando se sufre un resfriado o alergias.

DIARREA

1 Hacer un té de hierbabuena, epazote, estafiate y hojas de guayaba, si no tienes más que dos de estos tés hazlo, poner un puñito de cada uno a hervir (todo revuelto) y listo, muy efectivo.

2 Para evitar la diarrea, poner un puño de sal gruesa en el ombligo y tapar con una banda adhesiva y eso detiene la diarrea inmediatamente.

DOLORES ARTRITICOS

La sal Epsom puede reducir de manera significativa estos malestares además es un relajante del sistema nervioso.

Llenar la bañera con agua caliente, agregue 1/2 taza de sal Epsom y disuélvala. Permanezca en el baño por lo menos una media hora. Hacerlo las veces que quiera.

DOLOR DE CABEZA

1 Aplicar rodajas de limón sobre las partes de la cabeza adolorida y cambiándolas en cuanto se van calentando. También puedes usar rodajas de papas.

2 Consiste en hacer presión con la yema de los dedos en la parte central de tu cabeza, para encontrar esa parte no hay más que subir los dedos desde tus orejas hasta que se junten arriba, hacer presión durante 3 o 4 segundos y en cuestión de segundos se le quitara el molesto dolor de cabeza.

4 Para dolores de cabeza, aplicar una hoja de aloe vera en la frente, y frotar y dejar actuar unos minutos.

DOLOR DE ESPALDA

1 Utiliza aceite balsámico para que las manos no estén frías y se deslicen mejor

2 Caliente una penca de sábila y ábrala por el medio quitándole las espinas y póngala sobre la espalda por un rato hasta que estén frías las pencas.

DOLOR DE MUELAS

1 Poner a cocer 7 clavos de comida en un poco de agua, hervirlo por un rato y luego hacer gárgaras por donde está el dolor retenerlo lo más que pueda y veras que te calmara el dolor y también puedes tomar un poco de agua de clavo.

2 Si usted tiene un tremendo dolor de muelas y no puede ir al dentista inmediatamente, ponga una tapa llena de peróxido de hidrógeno al 3% en la boca y manténgalo durante 10 minutos varias veces al día (mucho cuidado no hay que tragarlo). El dolor disminuirá considerablemente.

DOLORES MUSCULARES

Puede reducir sus dolores musculares en un baño caliente con 1/2 taza de Sal de Epsom, además también le ayudara a eliminar la fatiga.

DOLOR DE PIES

La Sal Epsom es muy eficaz para aliviar los dolores de pies, use una palangana pequeña y 1/4 de taza de sal Epsom.

ESGUINSES Y GOLPES

Desinflamar esguinces y contusiones: Agregar 2 tazas de sales de Epsom a un recipiente que contenga agua tibia y remojar la zona afectada por la hinchazón de esguinces y golpes.

FLEMAS

1 Cebolla mediana, un limón, una cucharada de miel y un vaso de agua caliente.

Machacar la cebolla, agregar el jugo de limón y la taza de agua y la miel, tomarlo dos o tres veces por día.

FUEGO EN LOS LABIOS

1: Aplicar <u>hielo</u> directamente o una bolsa plástica llena de hielo a la primera sensación de cosquilleo del herpes labial con el fin de reducir su inflamación.

2: Aplicar directamente en el fuego una infusión de té negro o dos bolsitas de té negro para calmar el ardor.

3: Limpiar diariamente la ampolla del herpes labial con la pulpa de un tomate y después aplicar aloe vera lo cual ayudará a secar el área afectada.

4: Empapar un pedazo de tela con una o dos cucharadas de aceite de ricino y luego aplicar sobre el área donde se ubica el herpes labial.

5 Extraer el jugo de un limón y aplicar unas cuantas gotas directamente sobre el fuego. Realizar esta operación 3 veces al día.

6 Poner un poco de ceniza sobre el área afectada por el herpes labial.

Recomendaciones:

Mantener limpio y seco el herpes labial Reemplazar el cepillo de dientes. Cambiar con frecuencia los tubos pequeños de pasta dental.

Evitar los alimentos que tienen alto contenido de arginina. La arginina es un aminoácido esencial para el metabolismo del virus del herpes el cual se encuentra en alimentos como el chocolate, bebidas de cola, guisantes, maní, gelatina, nuez y cerveza. De allí la importancia de suprimirlos de la dieta.

Adoptar una actitud más positiva ante la vida. Las investigaciones han demostrado que la tensión o estrés puede relacionarse de alguna manera con la reaparición o brote del virus del herpes simplex.

Utilizar humectante labial si siente los labios resecos No quitar la piel muerta si se le resecan los labios.

GARGANTA DOLOR, AFONIA E INFECCION

1 Infección y dolor en la garganta: Un té de tomillo con limón y miel (hervir una cucharada de tomillo y dejarlo reposar 10 minutos y agregarle medio limón y una cucharada de miel) tomarlo varias veces al día.

2 Prepara un té de tu preferencia y añádele el jugo de media toronja y una pisca de canela.

3 Hacer gárgaras con media taza de agua tibia o menos y media cucharadita de sal, sostenlo lo más que puedas y escupirlo, hacerlo unas 3 veces diaria.

4 Dolor de garganta: Si solo tienes dolor de garganta (solo que no tengas temperatura, porque que si tienes fiebre no hacerlo), puedes tomar helados o paletas de hielo y esto te aliviara el dolor de garganta.

5 Dolor de garganta: Poner poquita agua a calentar, se le agrega una cucharada de aceite de coco y a hacer gárgaras.

6 Licuar un pedazo de la pulpa de la sábila con poca agua y hacer gárgaras y tomártela.

7 Calienta una taza de leche y agrega una cucharada pequeña de cúrcuma y sal yodada, después revuélvelo y tómatelo, hazlo por lo menos dos veces en el día hasta que te desinflame.

AFONÍA: 1. Cortar un limón en 4 trozos y licuarlo con todo y cascara y añadirle media cucharada de bicarbonato con poca agua y beberlo lentamente.

2. Prepara una infusión con ralladura de jengibre, té negro, jugo de limón, y dos cucharadas de sal. Deja que repose unos minutos, y haz gárgaras con el preparado varias veces al día.

3. En una taza de agua caliente, añadir una cucharadita de vinagre de manzana, una pizca de pimienta de cayena, el juego de 1/4 de limón y endulzar con miel. Beber lentamente al menos cuatro tazas al día.

DOLOR DE GARGANTA, AMIGDALITIS, FARINGITIS

Propóleo: Poner un gotero entero (50gotas) en un vaso con poca agua y hacer gárgaras y después tómalo, 3 veces al día, es buenísimo (lo puedes comprar en la tienda naturista).

GOLPES, MORETONES O INFLAMACION

1 Cuando sufres algún golpe, puedes colocar un pedazo de papa, cortar la papa a la mitad y colocarla en la zona del golpe, esto evita que se ponga morado o que se inflame.

2 Poner bolsitas de hielo inmediatamente.

3 Poner vinagre frío con un algodón.

4 Aplicar inmediatamente un bistec crudo.

5 Hacer una pasta con perejil molido y un poco de mantequilla y luego frotar con ésta la zona contusionada sin ejercer mucha presión.

6 Ponerse pomada de árnica.

7 Rallar la manzana cruda con su piel o poner en el golpe, envolverla con una venda.

8 Calentar un trozo de una cebolla y ponerla en el golpe durante unas 5 horas (envolverla con una venda).

9. Poner compresas de agua con sal en el área del golpe varias veces al día.

10 Mezclar el jugo de un limón con 1 cucharada de sal y empapar un paño con esta preparación. Frotarla sobre la zona afectada durante varios minutos.

11. Hacer un té de hojas de anís concentrado y aplicar con un paño en la zona, ponerlo varias veces

GOLPES EN EL DEDO

Este remedio alivia inmediatamente los golpes en los dedos mediante un huevo al cual se le hace un agujero, en un extremo, lo suficientemente grande para que quepa el dedo. Éste se introduce dentro y se mantiene allí hasta que el calor que desprende pase al huevo y éste también se caliente.

GRANOS EN LA CARA

1 Si tienes un grano y quieres bajar la inflamación y que desaparezca más rápido, aplícate un poco de crema dental Colgate natural, es decir, la que es blanca, la antigua pues, déjala actuar por unos minutos hasta que se seque y luego lávate con agua tibia.

2 Para eliminar los granos de la cara en un mes, poner 2 cucharas de vinagre y otras dos de agua destilada, mezclar y ponértela en la cara por 5 minutos y después lavarte la cara con agua tibia.

GRIPE

1 En un litro de agua agregas la mitad de un limón, dos cucharadas de orégano, la mitad de una cebolla pequeña, y se deja hervir por 3 minutos y luego se agregan 3 cucharadas de miel. Cuando esté listo te tomas una taza de este te, para que te ayude a sudar recuerda tiene que estar caliente para que funcione.

2 Si durante una gripe (resfriado, catarro) no puedes dormir por causa de tu nariz tapada, machaca unos cuantos ajos

frescos y ponlos en un platillo en tu habitación al lado de la cama donde duermes, el olor del ajo te ayuda a destaparte la nariz, mientras más olor tenga el cuarto mejor serán tus sueños.

3 Puedes colocar en tu habitación cebollas y las picas a los lados (les haces unos agujeros con un tenedor o palillo) las pones a un lado de tu cama o donde tú quieras.

Se cuenta que en tiempos antiguos esto salvo de la gripa mortal a mucha gente, ya que colocaban las cebollas en diferentes lugares.

HEMORROIDES

1 Aliviar las hemorroides: Añadir un puñado de sales de Epsom a un baño y sumergir la zona adolorida.

2 Con los cristales de Sábila se hacen supositorios, usted mismo(a) es muy fácil; después de obtenido el filete de cristales de Sábila los fracciona en trozos de 10 cm. de largo. Luego cada trozo lo recorta en tiritas, como si fueran papas a la francesa. En un frasco de vidrio color ámbar (café oscuro) de boca ancha, los acomoda de una forma que permanezcan derechitos, lo guarda en el congelador y en 24 horas estarán listos. Se aplica dos supositorios, cada noche antes de acostarse; para **hemorroides** interna o externa, fisuras anales, inflamaciones de la ampolleta rectal, inflamaciones del colón, etc.

HERIDAS, RASGUÑOS, CORTADAS

1 Aceite de coco aplicado sobre rasguños y cortadas el aceite de coco forma una capa fina, que protege la herida del polvo de fuera, las bacterias y los virus. Hacerlo hasta que el proceso de curación y reparación de los tejidos dañados finalice. Además, huele muy bien.

2 propóleo: aplicarlo en las heridas dos veces al día.

HIPO

1 Tomar medio vaso de agua con un cuchillo de mesa dentro del vaso con agua.

2 Esto es para hacerlo a otra persona que trae hipo: lo sorprendes dándole un grito inesperado a él o ella y esa acción le quitara el hipo.

3 Tomar un trago de vinagre de manzana (puedes diluirlo con poca agua).

HONGOS EN LAS UÑAS O CUALQUIER PARTE

1 Propóleo: ponerse es la zona afectada 2 veces al día hasta que vea resultados, es buenísimo. Se consigue en las tiendas naturistas.

2 Aceite de ricino: ponerse en la zona afectada.

ICTERICIA

1 El limón es también beneficioso en el tratamiento de la ictericia. Tomar 20 ml de jugo de limón mezclados con agua varias veces al día. Esto protegerá las células dañadas del hígado.

2 El agua de la cebada bebida varias veces durante el día es otro buen remedio para esta enfermedad. Una taza de cebada debe ser hervida en tres litros de agua a fuego lento hasta que los granos estén tiernos, puede ser hasta más de 1 hora.

INFLUENZA

1 La cúrcuma es valiosa en la curación de la influenza. Una cucharadita de polvo de cúrcuma debe ser mezclada con una taza de leche tibia y tomada tres veces al día. Esto prevendrá complicaciones surgidas de la influenza.

2 El ajo es un excelente remedio para la influenza. Es útil como un antiséptico general y el paciente debe ingerir tanto como pueda.

3 El jugo de cebolla (usando el extractor) y miel. Usar mitad y mitad y preparar el jarabe y tomar una cucharada tres veces

al día o puede tomar más según sea su enfermedad.

4 El jengibre es un excelente remedio para la influenza. Una cucharadita de jugo de jengibre (usar el extractor) agregarle una cucharada de miel y tomarlo 3 veces al día.

5 El jugo de pomelo o toronja, ha probado ser útil en esta enfermedad ya que tonifica el cuerpo y el tubo digestivo, tome jugo o la fruta entera.

6 L as hojas verdes de la albahaca. Más o menos un gramo de estas hojas debe ser hervido junto con un poco de jengibre en medio litro de agua hasta que la mitad del agua se haya ido. Esta decocción debe ser tomada como té. Le da alivio inmediato.

MIGRAÑA

Pones un recipiente de agua caliente en el baño donde te vas a bañar, metes tus pies y al mismo tiempo le abres a la regadera solo con agua fría y la dejas caer sobre tu cabeza por un rato y después continúas el baño normal.

MORETONES O INFLAMACION

1 Cuando sufres algún golpe, puedes colocar un pedazo de papa, cortar la papa a la mitad y colocarla en la zona del

golpe, esto evita que se ponga morado o que se inflame.

2 Poner bolsitas de hielo inmediatamente.

3 Poner vinagre frío con un algodón.

4 Aplicar inmediatamente un bistec crudo.

5 Hacer una pasta con perejil molido y un poco de mantequilla y luego frotar con ésta la zona contusionada sin ejercer mucha presión.

6 Ponerse pomada de árnica.

7 Rallar la manzana cruda con su piel o poner en el golpe, envolverla con una venda.

8 Calentar un trozo de una cebolla y ponerla en el golpe durante unas 5 horas (envolverla con una venda).

9 Poner compresas de agua con sal en el área del golpe varias veces al día.

10 Mezclar el jugo de un limón con 1 cucharada de sal y empapar un paño con esta preparación. Frotarla sobre la zona afectada durante varios minutos.

11 Hacer un té de hojas de anís concentrado y aplicar con un paño en la zona, ponerlo varias veces.

12 Aplicar aceite de Coco en el golpe, mejora el proceso de

curación mediante la reducción de la hinchazón y el enrojecimiento.

13 La pomada de la campana, aplicarla en el golpe o moretón.

MORETONES EN UN DEDO

Este remedio alivia inmediatamente los golpes en los dedos mediante un huevo al cual se le hace un agujero, en un extremo, lo suficientemente grande para que quepa el dedo. Éste se introduce dentro y se mantiene allí hasta que el calor que desprende pase al huevo y éste también se caliente.

MUSCULOS ADOLORIDOS

1 El vinagre de sidra ayuda a sacar el ácido láctico que se acumula en los músculos después del ejercicio, la substancia que causa el dolor. Mezcla unas cucharadas de vinagre en una taza de agua, moja un paño en la solución y aplícalo en las áreas adoloridas por 20 minutos.

2. Masajear la zona adolorida con un pedazo de pepino.

NAUSEAS Y VOMITOS

1 Ayuda a reducirlos con un té de canela, dulces de canela o ponerte aceite de canela en las muñecas u oler la canela natural.

2 Jengibre: hacerse un té con un pedazo.

OIDO INFECCION

En Poca agua oxigenada o peróxido. Le debes agregar: Una 1/2 tableta de frágil (Metronidazol de 500 mgs.) y una tableta de penicilina de 800 mgs. A que queden completamente disueltos todos los ingredientes. Y con un cotonete o sea un palillo con cabecita de algodón te haces la limpieza cuidadosamente, cambiando el cotonete continuamente. Y tus oídos quedaran completamente curados en tres o cuatro días de estarlo haciendo y también todo depende el problema de la infección.

OIDOS, DOLOR

1. Para eso del dolor de oídos no hay nada mejor que 5 gotas de jugo de limón no duele y es efectivo, repetir si persiste.

2. También puedes poner una o dos gotas de jugo de sábila en el oído.

OIDOS TAPADOS

Para **destapar los oídos** cuando estuviste en el avión o en una montaña: Respirar profundamente y mientras lo haces cierra la boca y tapate la nariz, en ese momento deberías sentir un sonido dentro de tus oídos, lo que significa que se han destapado.

Esta práctica puedes intentarla dos o tres veces, muy suavemente, ya que si ejerces demasiada presión podrías lastimar tus tímpanos.

OIDOS, TAPON DE CERA

Limpiador del oído: aplicar con un cotonete un poquito de aceite de coco y te ayudara a eliminar suavemente la cera.

OJOS (CATARATAS)

1: Verter 2 cucharadas de manzanilla sobre una taza de agua que esté hirviendo. Tapar, dejar refrescar y colar. Efectuar lavado de ojos con esta infusión.

2: Beber una taza de té de pimienta de cayena todos los días para retrasar el desarrollo de las cataratas.

3: Lavar y partir en pedazos una papa cruda y ponerla en gasa sobre el párpado durante una hora o más todos los días.

4: Aplicar dos o tres gotas de agua marina filtrada cada noche y cada mañana.   Este remedio puede irritar inicialmente los ojos, pero después de unos segundos esta molestia desaparece.

5: Mojar el dedo índice con un poco de aceite de ricino y untar suavemente el borde del ojo a fin de que se deslice por sí mismo hacia el interior. Aplicar este remedio diariamente por un mes y si no nota mejoría, puede cambiar a aceite de linaza prensado en frío y aplicar, mediante cuentagotas, una gota cada noche.

6: Aplicar, mediante un cuentagotas, miel natural no refinada ni sometida a temperaturas elevadas, tres veces por semana o bien untar el borde del ojo para que penetre por sí misma en el interior.   Este remedio puede ocasionar cierto dolor o malestar   inicial,   pero   desaparecerá   en   las   siguientes aplicaciones.

7: Aplicar diariamente dos o tres gotas del jugo de la pulpa del aloe vera o sábila sobre cada ojo.

8: Pelar y cortar una cebolla en pedazos, introducir en el refrigerador media hora antes de su aplicación sobre el ojo. Poner sobre los párpados durante 5 minutos. La cebolla al ser enfriada no produce lagrimeo.

9: Mezclar 2 cucharaditas de miel y 2 de vinagre de sidra de manzana en un vaso de agua y tomar en cada comida.

10: Poner 2 gotas de aceite de hígado de bacalao en el ojo afectado por catarata todas las noches durante un mes.

11: Disolver 1 cucharadita de Sal de Epsom en taza de agua tibia y usar como una solución para el lavado ocular.

RECOMENDACIONES:

Consumir alimentos antioxidantes como frutas cítricas, fresas, uvas negras, arándanos, brócoli y tomates, ya que combaten a los radicales libres (moléculas de oxígeno inestables) que pueden acumularse en los ojos y causar cataratas.

Ingerir alimentos ricos en vitamina A como el hígado, espinacas, zanahoria, yema de huevo y verduras amarillas los cuales favorecen la visión. De todos ellos, tal vez la espinaca sea la mejor defensa contra las cataratas, ya que, según investigaciones realizadas, incluir la mayor cantidad de betacaroteno y carotenoides como la luteína y la zeaxantina, abundante en las espinacas, reduce las probabilidades de desarrollar cataratas graves. Además, para garantizar la máxima absorción por parte del organismo, se debe comer las espinacas cocinadas con un poco de grasa como aceite de oliva, ya que este nutriente es soluble en grasa.

Consumir alimentos ricos en Omega-3 como pescado como salmón, la caballa y el atún por lo menos una vez por semana, ya que según, estudios realizados, reducen el riesgo de sufrir de cataratas hasta un 12 por ciento.

Proteger los ojos de la luz ultravioleta que contribuye a la formación de radicales libres. Para ello, se debe usar gafas de buena calidad para el sol (calificadas como Z80.3 y que filtren al menos 99% de los dañinos rayos UVA y UVB) y una gorra o sombrero de ala ancha en días soleados.

Evitar las cabinas de bronceado, ya que intensifican el riesgo de cataratas debido a que usan radiaciones UVA en lugar de los menos dañinos rayos UVB.

Controlar la diabetes. La diabetes no controlada es causa de varias enfermedades en los ojos, incluyendo cataratas y ceguera.

Dejar de fumar. Las personas que fuman tienen mayor incidencia de cataratas y las desarrolla diez años antes, en promedio, que la gente que no fuma.

OJOS, CONJUNTIVITIS

El aceite de coco aplicado alrededor de los ojos.

OJOS, PICAZON

1 Ponga una gota de aceite de coco en el ojo que le pique. Tendrá la visión borrosa durante un par de minutos, pero el picor desaparecerá.

2 Poner un poquito de pomada terramicina en el ojo que tenga el problema.

PARASITOS

1 Se pone a hervir epazote en leche. Se toma en ayunas por 3 días. Funciona desde el primer día.

2 Hacer un té de ajos con canela y tomarlo calientito, tómelo a su gusto.

PERDER PESO

1 Licue un puñado de linaza y agrega todos los días una cucharadita a un vaso de jugo de naranja y tómatelo preferiblemente en ayunas por un mes y veras resultados sorprendentes.

2 Mezcla sal marina, bicarbonato y limón, hasta hacer una pasta, aplícala en la zona que quieras reducir, después envuélvete en una toalla, y a su vez con plástico, durante 4 días notaras resultados.

3 En una crema para cuerpo ponerlo unas gotas de yodo de las que venden en las farmacias agita bien y aplícate en la noche en las partes donde queras bajar, colócate una faja y en 3 semanas veras los resultados.

4 Tomar todos los días en ayunas 1 taza de agua caliente y agregarle el jugo de un limón, al mes se podrán ver resultados.

5 Durante una semana come en ayunas una hoja de repollo o col después desayunas ligero, durante otra semana toma jamaica en ayunas y desayunas ligero y seguro bajas uno a dos kilos pero cuida tu alimentación acompáñalo con ejercicio.

6 Pon a remojar por la noche 2 cucharas de linaza en un vaso de agua y en la mañana licúala con una cuchara de avena en hojuelas.

7 Añadir jengibre al té rojo. Es muy diurético y muy sano.

8 Pones a cocer tres o cuatro nopales picados medianos en litro y medio de agua (sin sal ni otro condimento) separas el agua en que cociste los nopales y la mezclas con litro y medio de agua purificada. Este te lo tomas como agua de uso durante todo el día. Te sorprenderás como, después de unas dos o tres semanas de tomar esta agua, los rollitos de grasa han disminuido notablemente.

9 Medio nopal, 1 pedazo de piña, 1 pedazo de pepino con cascara 1 limón exprimido 1 ramita de perejil y el jugo de 2 naranjas. Se licua todo y se toma antes de los alimentos. Si se toman 2 litros de agua al día se bajan 1 o 2 kilos por semana.

10 Desconchas una penca o brazo de una sábila luego cortas un trocito y lo puedes licuar con agua o solo.

11 Si tienes problemas de sobrepeso procura beber 2 litros de agua al día y si los dosificas en botella añade un chorrito de vinagre de manzana. El sabor apenas se aprecia y es un efectivo depurativo y elimina líquidos. Es buenísimo.

PEZONES AGRIETADOS

Aplicar aceite de coco a los pezones para que no se agrieten.

PIES HINCHADOS

Prepare 2 recipientes con agua, una lo más caliente que soporte y otra fría, meta los pies en el agua fría 10 segundos y luego haga lo mismo en el agua caliente. Hágalo 4 veces.

PRESION BAJA, REMEDIOS NATURALES

1. Un vaso de jugo de betabel al día (hay que combinarlo con el jugo de 2 zanahorias porque el betabel es muy fuerte y puede causar nauseas).

2. Un baño caliente y prolongado con sales Epsom antes de acostarse.

3. Esto incluye un aumento en el consumo de líquidos para incrementar la cantidad y el suministro de sangre a todas las

partes del cuerpo.

4. Comer pasas en la mañana, después de haber sido remojadas en agua durante toda la noche, deben consumirse con el estómago vacío.

5. Practicar ejercicios de respiración como el yoga para mejorar el suministro de sangre a todos los tejidos del cuerpo.

QUEMADURAS EN LA LENGUA

Si por casualidad te quemas la lengua con algún alimento caliente, inmediatamente has un buche con vainilla y listo.

QUEMADURAS EN LA PIEL

1 Después de una quemadura, lo primero que debe hacerse es reducir la temperatura de la zona afectada. Arrojar abundante agua fría o sumergir esa parte del cuerpo en agua fría entre 15 y 30 minutos.

2 Para quemaduras de toda clase no hay nada mejor que

aplicar rápidamente salsa soya, pues se evita que se forme la llaga, no hay dolor y no quedara ninguna cicatriz. Esto es sorprendente y esta 100% comprobado.

3 Si llegaras a quemarte con agua hirviendo o tocando una estufa sin querer, lo primero que tienes que hacer es poner la zona afectada en agua helada y luego aplicar bastante pasta de dientes y dejar secar hasta el otro día, ardera al principio pero es lo mejor para las quemaduras. También puedes poner mostaza en vez de pasta dental.

4 Si te quemas con agua o aceite caliente, introduce rápidamente la parte del cuerpo afectada en agua del chorro para que recobre la temperatura normal, luego rompe un huevo y separa la clara, bátela un poco con un tenedor y aplícatelo en la zona afectada, repite esto por al menos 20 minutos o hasta que sientas que ya no te late la parte donde te quemaste... La clara de huevo es colágeno, y esto evita tanto las ampollas como las marcas e incluso el dolor de la quemada.

5 Aplicar miel a la herida una vez que esta se haya lavado apropiadamente. Esto evitará infecciones y curará la herida.

 6 La papaya contiene enzimas que ayudan a remover células muestras de la herida.

7 El Aloe Vera o sábila es bueno para tratar quemaduras. Saque la pupla y póngalas en la zona quemada. Una vez que la herida empieza a sanar, rompa una cápsula de vitamina E y

vierta el líquido sobre ésta. Esto evitará que queden cicatrices.

QUEMADURAS DEL SOL

Utiliza el aceite de vitamina E de las cápsulas en las quemaduras de sol o después de visitar la playa. Puede ayudar a reponer la humedad que la piel pierde al estar expuesta en el sol caliente y puede proporcionar un alivio calmante de las quemaduras dolorosas. Trata de colocar las cápsulas de vitamina E en el refrigerador antes de pincharlas y antes de usarlas como un alivio refrescante.

RESFRIADO

Frotar el aceite de coco en el pecho y debajo de la nariz congestionada cuando se sufre un resfriado o alergias.

RONCADORES

1 Ronquidos - frotando un poco de aceite de coco en cada ventana de la nariz antes de dormir, va a reducir la inflamación en las membranas de la mucosa de las fosas nasales que detendrán los ronquidos.

2 Nada de alcohol ni de tranquilizantes. Evita tomar bebidas alcohólicas y píldoras para dormir antes de meterte en la cama. Ambas sustancias contribuirán a aumentar la relajación de los músculos de tu garganta, provocando el consecuente ronquido.

3 El sobrepeso contribuye de forma directa a que una persona ronque. Esto se debe a que el exceso de peso produce un aumento del tejido graso en la garganta, obstruyendo aún más las vías respiratorias por la noche. Si pesas más de lo que debieras y eres roncador, debes de perder peso. De esta manera conseguirás reducir tus ronquidos.

4 Duerme de lado. No te acuestes boca arriba. Cuando dormimos mirando al techo, nuestra lengua tiende a caer hacia atrás.

Esto provoca que nuestra garganta se cierre aún más y que aumente nuestra tendencia a roncar. Lo mejor es dormir de lado, así nuestra lengua caerá hacia el lateral y no taponará nuestra garganta.

TOS CON FLEMA

Poner a coser directamente al fuego un limón, ya que este

bien cocido (cambio de color) se parte y el jugo se pone en una cuchara, se debe de tomar lo más caliente que se pueda, después de haber ingerido esto no se debe de tomar nada se recomienda tomarlo por las noches.

TOS SECA

1 Poner a hervir con 2 tazas de agua: una cebolla cortada en trozos, tres dientes de ajos pelados y machacado y un limón en rebanadas, ya que enfrié le agregarás una cucharada de jengibre previamente rallado y los dejarás reposar y una vez frío lo colarás para obtener un jarabe para la tos seca que podrás beberlo ya sea frío o caliente.

2 Para tos seca: Licuar un cuarto de taza del gel de sábila, un cuarto de taza de jugo de limón, media cebolla trozada, dos cucharadas de aceite de oliva, un cuarto de taza de miel y dos cucharadas de agua y listo para beber el jarabe por la mañana y otra dosis antes de ir a dormir. Prueba ingerir este jarabe toda una semana completa (tomar una cucharada).

3 En el extractor sacar el jugo de una cebolla y guardarlo en un frasco de vidrio, agregarle miel, calcularle la medida, tomar una cucharada de jugo de cebolla por una de miel, dos veces al día, guardarlo en el refrigerador.

4 La raíz de la planta de la cúrcuma es útil en una tos seca. La raíz se asa y se pulveriza. Este polvo se debe tomar en dosis de tres gramos dos veces al día, por la mañana y la tarde (también se consigue en polvo).

5 Un té de anís se debe tomar regularmente para tratar esta condición.

UÑAS ENTERRADAS

Coloca debajo de la uña encarnada un pequeño trocito de algodón empapado en aceite de oliva (y también puedes usar el aceite de coco) enróllalo en forma alargada y acomódalo en el espacio de la "esquina" del filo de la uña y tu dedo, cambia el algodón dos veces al día, no te cortes, ni te lastimes los pies, espera unos días y ya no te molestará. Habitualmente córtate las uñas en forma recta (no redondeada) y después de bañarte y secar tus pies aplícales aceite de oliva en el contorno de las uñas y toda la superficie dura del mismo, pronto te olvidarás de las uñas enterradas.

VENAS CON VARICES

1 Aceite de coco, ayuda a la desaparición de las venas.

2 Jugo:

5 zanahorias

1 rama de perejil
1 rama de apio
1 rebanada de piña
1/2 vaso de Tehuacán (soda con ese nombre)

Las zanahorias se pasan por un extractor se saca el jugo y se licua con lo demás, se toma en ayunas por 30 días.

VERRUGAS

Aplica una loción mitad vinagre de manzana y mitad glicerina todos los días hasta que las verrugas desaparezcan.

TIPS VARIOS

CD O DVD LIMPIEZA

Si tienes un CD que salta o se congela la imagen, límpialo con vinagre blanco destilado usando un paño suave, asegúrate que esté totalmente seco antes de volverlo a colocar en el reproductor.

PARABRISAS SIN HIELO

Es ideal para evitar el hielo en el coche. Rocías los vidrios del coche con una solución de 1 parte de agua y 3 de vinagre, lo haces en la noche y al siguiente día, el coche amanecerá sin escarcha o hielo.

CELULARES MOJADOS

SI tu celular cayó en el inodoro, bañera etc., únicamente sácalo, apágalo de inmediato seca el exceso de agua con un trapo y mételo a una taza grande con arroz (si el arroz que comemos en la sopa) debe quedar bien cubierto, déjalo por lo menos 6 horas y veras que no se descompone y el arroz recogerá toda la humedad que este recibió.

LIMPIAR COMPUTADORA Y TELEFONO

Usa un palillo de algodón mojado en alcohol para limpiar el contacto de la batería del teléfono inalámbrico, el celular o tu computadora portátil (laptop) esto ayudara a tener un buena conexión con la batería.

REPARAR DISCOS RAYADOS

Humedece un paño y aplícale pasta de dientes blanca, pasa el paño sobre el CD desde el centro hacia el borde, siempre en línea recta y con mucha suavidad. A continuación lava el disco con agua y sécalo muy bien con un paño limpio. Si realizas esto conseguirás aplanar los bordes del arañazo.

AUTORA DE LOS SIGUIENTES LIBROS:

Este libro le indica cuales son los alimentos que le ayudaran para cada enfermedad. Contiene más de 200 enfermedades en orden alfabético indicándole cuales alimentos le ayudan a combatirla. Esta alimentación es a base de: Frutas, vegetales, semillas y granos.

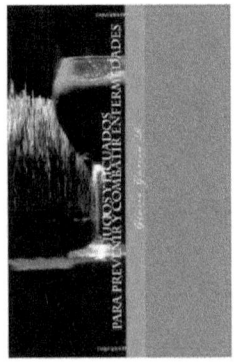

Contiene más de 100 recetas para preparar jugos y licuados que le ayudaran a mejorar su salud y conservarla por ejemplo: si tiene problemas de: sobrepeso, hígado, riñones, vista, fiebre, anemia, colitis, tos, debilidad, alta presión, diabetes, páncreas, riñones, dolor de cabeza y mucho más.

Este libro le indica cuales son los tés que le ayudaran *para* cada enfermedad (contiene más de 150 enfermedades y le indican que tés le ayudan).

Contiene innumerables tips o ideas para hacer mal fácil lo que parece difícil en: la casa, belleza y salud.

Es un manual que le ayudará como orar de acuerdo a la palabra de Dios. (Contiene más de 100 necesidades diferentes con varios versículos que corresponden a cada necesidad). Sabemos que debemos orar de acuerdo a lo que Dios dice en su Palabra, pero muchas veces no sabemos o no nos acordamos donde están esos versículos. (Y aquí esta una guía práctica).

It is a manual that will help you to pray according to the Word of God. It content more than 100 different needs with some verses that correspond to every need. At the end of it, you can find a prayer in every need.

Para más información: gloriagarciarivera@gmail.com

www.ingramcontent.com/pod-product-compliance
Lightning Source LLC
Chambersburg PA
CBHW060412290526
45791CB00002B/720